協働のまちづくり

〜三鷹市の様々な取組みから〜

秋元　政三

三鷹市教育委員会事務局総括次長

地方自治土曜講座ブックレットＮｏ．９１

はじめに　～三鷹市の概況～

ご紹介いただきました三鷹市の秋元です。私は実は今日午前中に講義をされました森先生とは、かねてから自治体学会等を通じよく存じ上げておりまして、三鷹の協働のまちづくり事例を話してほしいと頼まれ引受けたのですが、学長さんはじめこんなに多くの方々の前で三鷹の話しをするのは、大変恥ずかしい。本来でしたら市長が来てお話しすべきと思いますが、私も一職員として三鷹市のまちづくりに頑張ってきたつもりでありますので、職員として三鷹のまちづくりのいわば裏の苦労話を含めて率直にお話をしてみたいなと、こう思っておりますのでよろしくお願いします。

配布した資料に三鷹市の概況を書いておきました。典型的な都市型の自治体でありまして、人口は今16万7000人、面積は16・5平方キロということで1ヘクタール当たりおよそ100人という人口規模のまちであります。

実はこの1ヘクタール当たり100人というのはこの程度にしておかないとオープンスペースを含めた緑被率が40%を確保できないという、最初のまちづくり市基本計画の研究結果からの基本方針です。定住層は10万人で、人口の流動率＝モビリティは7万人程いるまちでありますが、典型的な首都東京のベッドタウンであります。

資料にありますように、昭和30年代当初から40年代にかけて、日本で最初の1000戸規模の住宅公団が3箇所建設されました。同時に大企業の社宅もどんどんできてきました。昭和25年の市制施行時の人口が5万6000人ですから、この急激な都市化の時期は毎年対前年比人口が10%伸びました。いわば日本の高度経済成長の始まりと共に三鷹市が歩んできたということであります。現在の人口構成は、高齢者人口が17%近くで年少者人口が12%と減少し、少子高齢化が進行していますが、まだ生産者人口70%ある都市自治体です。

財政力としては13年度は落ちましたが指数1・164で、大体1・3から1・2ぐらいで全国の市の中で、上から20から30番目ぐらいの財政力です。

ちなみに午前に話しがありました自治体間競争といいますか、JR中央線の3つの駅を境に日本一の財政力指数（1・5前後）を誇る武蔵野市と対峙しています。

今日お話するのは「協働のまちづくり」ということですが、午前中の森先生の方は自治体行政あるいは自治体職員のあり方に関わってお話があったと思いますが、私も基本的には森さんと同様に、「分権と自治のまちづくり」、ひいては「自治体職員のあり方」、我々職員のあり方が問われているわけですが、そこのところを意識しながら、「協働のまちづくり」を考えていきたいというのが私の報告のねらいであります。

1　コミュニティ行政の展開　１９７１年～

昭和３０年代から４０年代、高度経済成長に合わせて急激な都市化が進行するなかで、人口も急増したわけですが、人口１７万の内、定住層が１０万人、モビリティが７万人と言いましたが、いわゆる旧住民と新住民の意識の違いといいますか、まちづくりを進める視点の違いというものが出てきました。例えば学校や公園、地域の集会施設をつくるにしましても、どこにどの施設を先につくるべきか要望と議論が百出です。総論賛成各論反対と言いますか、あるいは公害反対運動といいますか、自分の家の回りでは困るというような、いわゆる地域住民の合意がむずかしい状況です。そこでポスト下水道として１９７１年昭和４６年にコミュニティ行政がスタートしました。

ポスト下水道と言いましたが、昭和３０年から２０年間の前々市長がお医者さんの方で、その施政方針が下水道なき都市は砂上の楼閣＝砂の上の城だという強いポリシーの中から昭和３４年から４８年に、下水道１００％完成を成し遂げました。下水道建設と学校の鉄筋化建設に力を入れました。またベットタウン都市化をふまえ日本で最初のゼロ歳児保育を、生後６か月からですが、昭和３１年から始めています。こうした施策により、都市的な大きな基盤ができたわけです。

この後、どういうまちづくりをするのか、あるいは先ほど言いました新住民と旧住民の混在している三鷹のまちを、どうふれあいを持つまちづくりをしていくのか、この課題解決策としてのコミュニティ行政でありました。当時は大きくいえば特色ある三鷹のまちづくりを、地域の環境整備を含めてどう融和を図っていくかという視点が強かったと思います。

このコミュニティ行政が展開された昭和４０年代には、昭和５０年代からの文化行政と同様に、きめ細かなまちづくりや行政の質が問われだした時代といえます。また、全国的にコミュニティ行政が展開される契機は、昭和４４年経済企画庁の国民生活審議会の有名な答申〈コミュニティ～生活の場における人間性の回復〉提言です。この年は地方自治法も改正され、市町村はまちづくりの総合ビジョンとしての基本構想の策定が義務づけられました。このことはいわばまちづくりの総合計画化が開始された時期でもあります。先に紹介した下水道整備の目標達成が見えた市長は、西ドイツの国民スポーツ振興計画＝ゴールデン・トライアングル・プランを見聞し、地域施設の複合化を核とする三鷹市型のコミュニティ行政を開始したのです。

以上がコミュニティ行政開始の背景ですが、以来30年にわたり三鷹市が実践しているコミュニティ行政と市民のコミュニティ活動があるからこそ実は、後ほどお話する協働のまちづくり事例である、すべて白紙の段階からの総合計画づくりや公園づくりそして地域市民参加のIT教育などが展開できていると考えています。逆にいえばコミュニティ行政すなわち市民の様々なコミュニティ活動を抜きにして三鷹のまちづくりは語れないということです。

《住民設計・住民管理・住民活動》

これから三鷹市のコミュニティ行政の仕組みを説明しますが、午前中の森先生の話にもありましたように、当初、議会では〝コミュニティ〟って何だ、横文字じゃないか、「地域共同社会」とか「生活環境社会」とか色々な呼び方や解釈が論議になりましたが、定着までそう時間はかかりませんでした。それは次の手法を採ったからと思います。

まず三鷹市はコミュニティセンター建設を、土地を3000㎡用意し、建設費は5億円で、地域市民皆さんで自由にその施設づくりをしてくださいと提起したのです。そこでまず住民の設計ですが、これは市の仕事ではないか、あるいは議員さんの仕事ではないかとの声が出る中で、ともかく自分たちの地域施設を自分たちで考え、つくるためのコミュニティ研究会の立ち上げまで市は関与しました。

当該地域内のＰＴＡ、ママさんバレーのチーム、政党の婦人部、町会自治会等々５０を超える各種団体や、公募市民を含め７０から１００人の研究会委員構成です。この会で文字どおりのコミュニティの学習から始め、半年間の諸検討を経てようやく自分たちの施設要望を持ち寄ります。

この当初の要望では建設容積と経費の3倍ぐらいの量になり、これを市の条件に絞り込む検討が市民の腕の見せ所、まさにコミュニティ形成のプロセスとなります。例えば施設の共用化では屋上をプールにし夏場以外は釣堀にしようとか、図書室等には最小限の人管理でよいとか、自分達が雇用する施設の運営管理職員は5時間の交替制にし長時間施設使用可とするなどの工夫です。市民の英知による施設設計過程は、行政の縦割り、従来の守備範囲では考えられない工夫や運営方法をまとめますが、同時に連帯意識＝コミュニティの高揚が図られると評価しています。

こうした設計過程に市は、設計事業者を同席させ市民のアイディアの反映に努めます。各コミュニティセンターとも当初の予定経費を一割程度上回りますがデザインを決めてから、市が3

000㎡を超える体育館・プール・高齢者浴室・図書室等の複合施設のコミュニティセンターを建設します。開館後の住民管理手法ですが、研究会は運営管理のための、地域で新しい公共的団体へと進展していきます。

この新しい公共的団体（市内7つのコミュニティ住区に分かれています）を形成し施設管理を委託するにあたり、まず国＝自治省と論争になったのは、公の施設の管理を〈○○住民協議会〉という団体では公共的団体と認められないというのです。地方自治法244条2の3項の解釈の問題です。そこで市は公共的団体とするため、住民協議会では自ら規約をつくり、地域市民の全てに開放された組織とし、会議や決定の民主性の確保をはかり、営利や宗教的活動せず専らコミュニティ醸成の公共活動を行うことを定めました。この規約と役員名簿を市に提出してもらい、市が認知することで公共的団体と位置付けました。このことは私が学んだ政策法務の第一号と考えています。このコミュニティ醸成の公共活動をする新しい公共的団体は、現在のボランティア活動の各団体やNPOの形成に通じる、あるいは資するものでもあったと考えています。

7つの住民協議会は、およそ100人近い市民委員で構成されすべてボランティアですが、施設利用のきまりや住協全体に係る活動を決める総務部会、趣味教養活動を調整する文化部会と厚生部会、スポーツ部会、毎月定期のコミュニティ新聞を発行する広報部会、さらに地域防災部会などに分任して活動を展開しています。こうした活動を支えるためや、施設管理のため事務局を設置していますが、5時間と8時間勤務の職員を自ら雇用しています。事務局長は住協から要望があれば、市はOB職員を紹介しています。

市は7つの住協にたいし、助成金を一住協当たり8000万円近く出しており、内訳は施設の光熱水費等管理費が約3500万、事務局職員の人件費等の運営費をほぼ同額、そして様々のコミュニティ活動のための活動費約500万円です。活動費は人口により差があり、かつ数年間の低減交付です。これらの経費はあくまで委託料でなくコミュニティ活動醸成の助成金として支出しています。

住民のコミュニティ活動ですが、文化、教養、スポーツは施設を使い活発に展開されます。週1回とか、2週に1回とか定期的に活動するグループは住協の全体行事のコミュニティ祭りや運動会などには、必ずボランティアとしての事業に協力することとしています。こうした事業での模擬店での売上金やコミュニティ新聞の広告料などを加え、市の交付する活動費の3倍程度の年間予算で住区内の様々のコミュニティ活動をしています。

大規模な複合施設を〈住民設計・住民管理・住民活動〉により、コミュニティ醸成をつくっていくのかというのが三鷹方式であります。もちろんコミュニティというのは施設をつくらなくてもできるわけですが、先ほど申し上げましたような都市化等の背景から、個別市民要望の公民館や、図書館等をつくり市職員配置するのではなくて、経費も行政管理より安くすみますが、地域市民の連帯と生活環境の整備をいかにはかるかの見地からのコミュニティ行政であったのです。

《自治コミュニティの推進》

文化、教養、スポーツ等の生活コミュニティは進展したわけですが、コミュニティのもう一つの側面である自治コミュニティを、どんな仕組みで育てていくのかを次ぎの課題として取り組みました。その一つとして、コミュニティ活動に根ざす市民参加ということで、市の行政委員など各種委員会には7つの住区で同様な活動をしている住区協議会推薦の市民に参加してもらっています。

《コミュニティ・カルテ》

次ぎの手法として〈コミュニティ・カルテ〉＝地域生活環境診断ということを3年ごとに2回

実施しました。これは、市のまちづくり総合計画＝三鷹市基本計画の中で、コミュニティ行政は重要課題として位置づけられていますが、全市的施設が整備された後は、もう少しきめ細かな地域のまちづくりを進める手法です。住区内の通学路の安全ですとか、街路灯の確認とかを、住区市民が委員会をつくって、自分たちの目と足で、地域のまちを点検してもらおうというものです。

この手法は諸刃の剣でありまして、例えば終バス時間の延長問題では行政がバス問題協議会を立ち上げ、バス会社・住協市民と共に対応することになりました。現在ではコミュニティバスということでバス路線がなく道路の狭い不便地域に、市が一定の保障をし、バス会社がマイクロバス規模の路線運行がなされています。市はこうした努力をしなければいけないわけで、市民参加をすればするほど、行政の対応能力と決断が求められてくることも認識する必要があります。

《住区まちづくりプラン》

こうしたコミュニティ・カルテの3回目にあたり、もっと住協内のまちづくりに夢を持たせる〈住区まちづくりプラン〉の検討をお願いしました。各住区で特徴的なまちづくりの案を検討し市に提言してもらいました。

このプランには、大沢住区では東京天文台の崖線に流れる、10数年前まで稼動していた大きな水車小屋のある野川という川の両岸を遊歩道化する案を、三鷹駅前住区ではJR中央線に並行する江戸時代の玉川上水路の遊歩道化、この路には文学者・山本有三の洋館があり都立井の頭公園までつながっています。いずれのプランとも現在整備完成しており市民の好評を得ています。

こうしたコミュニティ行政の第二期といえる新しいまちづくりの展開が、協働のまちづくりに進展していきました。この視点については「ぎょうせい」刊行の西尾勝編の『コミュニティと住民活動』(1993年)の中で、行政システムの革新と共に、〝行政と市民が協働で、まちという公共空間の様々な創出モデルの競合〟が課題(187頁)と記述しました。拙稿ですがこれまでお話した「三鷹市のコミュニティ施設とその管理」を詳細記述していますので、参照いただければ幸いです。

この項の最後にコミュニティ行政の課題を簡潔にお話しします。当初は、コミュニティセンターは住協ごとに利用のきまりを定めていますので、センターの使い方に差があっていいのか、公の施設の公平性とコミュニティの独自性の議論が市議会で質疑があり、各住協と協議して一定の調整に苦心した記憶が残っています。30年を経過した今日では諸々議論があり、一つには役員が高齢化しつつあるとか、NPOなど有限型の市民運動やボランティア団体が活躍していますが、これらの団体と住協がどういうふうにかかわっていくのか、さらには事務局全体を財団化すべきとの意見もでていると聞いています。

2　丸池公園復活プランづくり　１９９６年～

三鷹におきましては昭和４０年代からのコミュニティ行政が大きなまちづくりの核であり、このことが協働のまちづくりへと進展しました実例が、さきほどの〈住区まちづくりプラン〉の実現過程での取組みです。新川中原住区では昭和３０年代前半に千戸規模の日本住宅公団ができ、消滅状態の農業用水池復活プランの提案がなされました。この提案は平成元年でしたが、実現に向けた取り組みは平成6年の「緑と水の回遊ルート整備計画」に位置づけられてからです。

この整備計画では市内に3箇所のふるさと公園づくりがあり、市西部の大沢の野川沿いに蛍の里という水生池公園をつくり、東北部地域の高台に牟礼の里という樹林のある公園を、そして東南部の丸池公園整備です。緑と水の回遊ルート整備計画の実現は現在の安田市長が、コミュニティ行政を発展させ住宅都市の中に、ふるさと公園づくりに力を入れた成果です。

《ワークショップ手法》

さて丸池復活ですが、平成8年から住協委員だけでなく、PTA・青少対のお母さん方や子供達も参加して、〈ワークショップ手法〉により取り組まれました。ワークショップとは協働作業と訳されますが、各層の地域市民が自分達でプランづくりをする過程を総称して呼ばれているものです。大きな公団ができた隣に、昔ここに大きな湧水池があり、そこは農業用水にとどまらず、子供達の遊び場として、大人達を含め、昔のコミュニティがあった池です。

このかつての池の機能と様子を年配者が、近隣学校の総合学習時間に訪れ、昔の写真を使い、魚とりやトンボ採り、水生植物の話しをして、池の復活をしたいと参加を呼びかけました。同時期に「丸池わくわくまつり」を開催し、ワークショップ作業の開始をしました。この過程では、池とはどんな役割を果たすのか、自然環境との係りなど生態系の専門家を入れて学習し、池の大きさは老若男女の人の輪で見計らい、水辺の草花の選定、公園としてのデザインは模型案を持ち寄り何度も検討を重ねました。

ワークショップは第一期開園分で10回延べ600人が参加し、平成12年の第二期でも7回開催したと聞いています。池の面積は700㎡あり公園面積は約1万7000㎡ですが、完成までのワークショップでは、リードする方々のふるさと復活への熱意がもたらした素晴らしい成果と評価されています。

《「丸池の里わくわく村」の発足》

実は池公園の完成をもって、多くの人はここでワーキング終了ということであったのですが、実はこの池で開園後しばらくして子供がおぼれる事態が発生しました。浅瀬は幼児が水遊びできるのですが、池の中心にいきますと、確か1・5Mの深さがあり事故になったのですが、幸い通りかかった方の人工呼吸で無事を得ました。

この事故がありまして、どうも池の周りで遊ぶ遊び方を知らないのではないか、この池を地域のなかにどう根付かせていくのか、そこまで係っていこうということで、自主管理運営団体として〈丸池の里わくわく村〉が発足しています。公園内の梅林の収穫など季節に合わせたイベントを実施しています。さらに近隣の小学校では、総合学習の時間に池の観察を行い、水性動植物を調べ学習に生きた教材として活用しています。こうした新たな地域のふるさとづくりの市民参加、協働の運営のまちづくりこそ、コミュニティ自治の一つのあり方と考えています。

3　市民協働の高山小学校建て替えプランづくり　１９９８年〜

３つ目の事例は学校建て替えの協働作業です。先ほど言いました、昭和４０年代に三鷹市は学校の鉄筋化建設がすべて終わりました。しかし急増で建てたり、その後建増しもあり、鉄筋６０年と言いますが、３０年すぎた今日、耐震補強工事やコンピュータ室の確保、空調化の問題などを含め、大きな施設改修が必要となりました。

この大改修にあたり耐震診断をしてみると、２校はどうも耐震補強工事には耐えられないという結果がでました。そこで、この学校については学校を公園的に少し新しい形の学校に建て替えをすることになりました。

《地域に開かれた学校づくり》

こうして学校公園化と〈地域に開かれた学校づくり〉の視点から、取り組んだのがこの市民協働の高山小学校建て替えプランづくりです。ここで大事なのは資料にありますように、行政側の方で、建設の基本的条件の明示です。現行の敷地面積内で建てる、経費は25億円以内です、普通教室数はいくつ確保してください。

そして実は本市の学校整備の目玉である学校図書館も取り入れてください。学校図書館とは、2〜3教室分を空調完備、インターネット検索のコンピュータ5台整備、嘱託の司書を全校配備して、週休五日制の土曜午前は校庭と学校図書館を開放しています。また放課後児童健全育成事業の施設いわゆる学童保育所と障害児学級の併設も前提条件としました。

こうした前提条件を「建て替えプランづくり公式ガイドブック」としてまとめ、市民ワーキングの目的や範囲・機能を明示し、地域に開かれた学校施設のプランづくりをお願いしました。市民参加というのは情報提供の内容、前提条件の提示の仕方によって結果が違ってくるといわれます。なぜ前提条件を大事にしたのかは、〈地域に開かれた学校づくり〉をしようということは、住宅都市としてふるさとづくり、公園都市づくりという市のまちづくり方針が根底にあるのですが、この方針を東京都職員である教員の方々にどう理解、協力してもらうかが、実は具体的な難課題であったからです。教育行政に係っている方はもうご理解いただけると思いますが、端的に言えば学校は校長さんの管理下のものであって国の施設基準があるのだから、地域市民やＰＴＡ、学童が学校のプランづくりをするなど考えられない。この辺の認識を和らげるのに当時の担当職員は大変苦労したと聞いています。

ワーキングの展開、具体的な検討方法ですが、まず学校教職員との繰り返しの話し合いから始まり教職員の要望、隣接の市民にはアンケートにより意向を寄せてもらい、児童生徒には夏休みに、「楽しい学校・未来の学校」にしたいとの宿題として絵と作文の提出、学童保育所父母会の要望等々の意見をもとに、何度も意見交換会や、校庭や体育館でダンボール箱を一教室に見立てモデル案づくりなどのワーキングを８ヶ月にわたり実施しました。

最後に全体発表会により、３０００項目の「みんなでつくるみんなの学校」の冊子をまとめ、市に提出してもらいました。これを受け市は、設計業者と吟味検討し3案にとりまとめ説明会を経て意向集約し建設をしました。

《オープンスペースの教室》

この学校の特徴は、普通教室が廊下と仕切られていません。廊下部分を幅広く確保し教室と一体とした〈オープンスペースの教室〉です。隣の教室が気になると心配しましたが、むしろ隣のクラスと一緒に合同授業が容易に可能となり、複数の班別の少人数授業が積極的に行われるなど、授業は旨くいっております。また地域交流を考え図書館・会議室・音楽室・体育館を集約配置し、身障学級の設置もありエレベータや段差解消のバリアフリーも行っています。さらに太陽光発電により照明電力の一部に、ソーラーパネルによる温水化、雨水を地下に蓄え校庭散水に使い環境対策も図っています。学校防災拠点として倉庫や校庭地下に100トンの貯水槽、屋上プールも防火用水に指定しています。さらに第三中学校も同趣旨で建て替えしました。

しかし2校の全面建て替え後は、ご承知の経済の低迷・税収減の状況を考え、耐震補強工事すれば校舎が30年は持つという調査結果をふまえて、一校あたり3年間に10億円をかけ、スーパーリニューアルすなわち鉄筋構造はそのままで大規模な改修を行う計画としています。平成14年4月私は教育委員会に異動してくると同時にこのスーパーリニューアル事業に取組んでいます。現在当該小学校では、全面建て替えでないのでミニワークショップと称して、同窓会・PTA・教職員等による検討市民会議を47名で組織し、耐震工事の内容、教室等のリフレッシュ、校庭の芝生化や通学路の安全確保などを検討していただいております。また4年から6年の上級生にこんな学校が欲しいという夢の絵と作文を出してもらう予定で、これらをふまえて翌年度設計を進めることとしています。

事例の高山小学校建て替えの市民協働ワークショップでの評価は、やはり大きく変わりました意識の変革です。協働の学校施設づくりが教職員・市民ともに、学校が地域の施設として一層開かれたものとなる契機となりました。市民開放施設の利用増加と、学校行事と市民の一層の交流が進められ、とくに地域市民による教育ボランティア「赤とんぼ先生」が数10人形成され、生活科と総合的学習の時間への参画や、土曜の午前学校図書館開放での読み聞かせなどの活動は、高く評価されています。

こうした開かれた学校＝コミュニティスクール化は、他の小学校でも創意工夫され競うが如く学校市民ボランティアが育っていて、NPOを組織しようとする学校もある現況です。今後スーパーリニューアルの進展を含め、益々開かれた学校づくりが進展していくものと思われます。

なお「三鷹市立学校施設の開放に関する条例」が市議会要望をふまえ平成10年に制定されて

おり、土曜・日曜と平日の夜間は体育施設と会議室、さらに指定校のみですが音楽室と家庭科室も市民利用に開放しています。これは平日午後5時半までは校長の権限で管理して下さい、それ以降は学校施設を市民施設として開放し市が管理しますということで、学校を市民の施設＝コミュニティ施設として使っていくという条例があることも付け加えておきます。

4　市基本計画策定「みたか市民プラン21会議」の活動　1999〜

4番目の事例は、皆様の関心が高いと聞いておりますが、これまで説明してきた市民参加・協働の成果を経て、三鷹市はおよそ10年ごとの市まちづくり総合計画＝基本計画を策定してきました。この手法は、市が原案を作って住民協議会等の市民団体推薦や公募の数10人の市民検討会議による検討をいただき意見提出を願う方式でした。

今回の第3回目については、白紙からの計画づくりを市民にまかせることにしました。

《「まちづくり研究所」の提言》

この新しい方式を行うには、一定の経緯といいますか準備期間がありました。それは「まちづくり研究所」の『三鷹市の新しい市民参加のあり方』提言を1998年（平成10年）春に受けたことにはじまります。この「まちづくり研究所」というのは、その10年前の昭和63年に、市内の国際基督教大学の構内に、市が経費負担して、近隣のルーテル大学や杏林大学の先生方を含め、市職員との政策検討の研究組織として設けられました。「コミュニティ・高齢化・国際化」の課題を共同研究し施策提言を行いました。私もそのメンバーで配布資料に載っている『外国人と自治体の間』は、外国人も自治体住民であるとの見地から住民基本台帳法や地方税法の位置づけなどの問題点を書いたものです。この研究所が数年後、財団である市まちづくり公社に、当初中心の先生方も移行し、前述の『三鷹市の新しい市民参加のあり方』提言がなされたという経緯がありました。提言者の座長は国際基督教大学の西尾隆先生です。

提言内容ですが、基本認識として基本計画の素案策定段階から市民参加を組み入れる可能性を検討し、市民と市から前向きの意向が確認でき、市民と行政のパートナーシップを基調とする対話型のまちづくりを目指すべきと記述し、具体策として市民のまとめ役「市民コーディネータ」の発掘や、準備会の立ち上げの必要等を提言しています。

《パートナーシップ協定》

提言どおり翌年3ヶ月間に四回の市民参加コーディネータ養成講座を行い、58名の準備会を経て、平成11年10月、「みたか市民プラン21会議」の設立全体会のなかで、市と〈パートナーシップ協定〉を結び、新しい市民参加の計画づくりが開始されました。

〈パートナーシップ協定〉は、市と21会議の役割と協力内容を定めたものです。両者は協働の精神原則を掲げ、対等な立場での議論を行い、相互の自主性を尊重し、協力し合うというものです。そして具体的役割と責務として、21会議はプライバシーと情報公開に配慮し、幅広い市民意向の集約と市民意見の調整を行い、市民プランを検討作成していく。市は会議の事務局経費を負担し、情報提供と専門家の派遣、調査活動を約束しました。一言でいえば、対等・協力関係で分権推進委員会勧告の基本的考えの影響があったのかとも思われます。

《「みたか市民プラン21会議」の検討状況》

さて「みたか市民プラン21会議」の活動ですが、委員は全て個人参加で、375名にのぼります。この参加数は申込み者数ですが、会の代表・運営委員会・事務局を設置し、10の分科会に分かれて、2年間にわたり検討活動を続けました。10の分科会は、〈市民参加のあり方・情報政策・自治体経営・人づくり・地域のまちづくり〉などを設置していて、従来の福祉・教育・産業などという行政の縦割りでない工夫がなされています。分科会に常にこの人数が参加していたのではなく、後半からは熱心な人々、およそ半数程度に絞られていたと聞いています。分科会によっては、委員個々の要求や思いが強く、とりまとめに苦労したとも聞いています。しかし分科会検討回数は、延べ454回にのぼり、そのエネルギーには敬服するばかりです。

さらに21会議の素晴らしさは、委員のなかに会社経営や民間企業での様々のノウハウを有する方、都市計画の研究者、出版関係者等々多彩な人材がおり、相互が連携をし、広報活動が巧みであったことがあげられます。独自のニュース新聞の発行、市役所ロビーでの問題提起型のパネル展示、学識者を呼んでのコメント会議など注目を集める活動を進めました。コメント会議には西尾勝・大森彌・佐藤竺の各先生を招き、アドバイスをいただき、委員がさらに啓発され、検討が深化していきました。

こうした検討を一年近く続け、平成12年夏に中間報告が市長に提出されました。この中間報告のとりまとめに運営委員会の苦心があったようです。というのは中間報告をもらい市の計画案づくりを進めないと計画策定日程が遅れる心配がでてきたことなどから、検討が煮詰まっていない事項や分科会もあり、大変忙しい意見集約作業であったと、或る分科会役員は述懐しています。さらに中間報告を受けて市の計画素案の検討と、最終意見提出までのとりまとめにも大変な苦労をいただいたと聞いています。それは各委員の意見はより調査研究され、深化していくほど相互の調整は大変なわけですし、最終意見書の提出も同様ですが、意見書とは別に意見書の補足説明や報告書に漏れた意見等が、およそ2倍の資料集として提出され行政各部課に配布されました。

この資料を含めて市は計画案に生かしてほしいというものです。また、会議の分科会ごとに市の各部課長と何回か話し合いの機会が持たれましたが、市のほうでも計画案にどう生かすかこれも大変でありました。

《市の対応と計画案づくり》

市の21会議への〈対応と計画案づくり〉ですが、当初、会議に情報提供として、『三鷹を考える論点データ集』と『三鷹を考える基礎用語事典』を作成配布しました。事典は市の事業要覧ですが、データ集は近隣四市との主要施策の到達度＝行政指標の比較を行い三鷹市の課題を率直に提起したものです。近隣市とは日本一の財政力の武蔵野市や、調布・府中・小金井市で、各市の都市状況・まちづくり経緯は違うのですが、いわば行政レベルの比較図表集です。自治体施策データに著作権はありませんが、「三鷹市が勝手に作成した」と他市の職員から苦情をいただきました。この資料は庁内の若手職員プロジェクトにより編集されたもので好評の反響をよび、全国の自治体から注文が多く在庫切れの状況です。

さて、21会議の中間報告を受けて市は計画素案をまとめましたが、実は21会議の検討状況は事前に伝わってきていましたので、「討議要綱」と称し計画案の素というか骨子案づくりを、併行して作業していました。その後、市素案を21会議と各部局と懇談会を開いて意見交換会を持つなかで、2回計画案の修正作業を行いました。

実はこの作業過程は、行政にとってもかなりきついものがありました。

この間行政の各部は係長レベルの対応検討チームを設けていましたが、計画案のまとめ作成には部課長間の検討と合意形成や、担当助役・市長との調整が必要であり、この過程がやや拙速であったと、私は反省しています。また市民の提案事項には、現行法体系や、国・都の制度補助との係りで難しい課題も多く、当時私は健康福祉部長でしたが、介護保険制度施行直後でありこれに係る多くの調整、大きく言えば福祉の構造改革に真正面から取組んでいる多忙な最中であり、財政負担への影響も含め、施策化の検討と調整に苦労したのが実感です。そこで所管部としては、市民提案の内、「難しい・困難である」と回答をせざるを得ないものもありましたが、最終的には検討課題として計画の中に記述されるという事項もありました。計画確定後の現在、計画に盛り込まれ記述されたものは、すぐに実現されるものと受取る市民の方もいて、職員は説明対応することがかなりあります。

一方、福祉の構造改革と市の基本計画確定を受け、福祉の新しい総合計画の策定作業も準備していましたので、健康福祉部内ではこうした２１会議との検討過程と施策体系の整理が、次の福祉計画づくりにつながっていくというメリットがありました。

この事例のまとめになりますが、「みたか市民プラン２１会議」は、日刊紙やＮＨＫのニュースで報道されるなどPR・広報活動に優れていたといいましたが、なによりも参加市民が自分達のまちの計画を自分達でつくるのだという熱意の燃え上がりがあったことに尽きるといえます。もう一つには複数のリーダーの存在であり、10の分科会・運営委員会・起草委員会等々全ての会議数は延べ700回を上回ったと報告されていますが、代表はじめ各役員がリーダーとして約束事を決め会議を進行し、提案報告書にまとめるというコーディネート力は大いに評価されています。とくに設立から2年後の平成13年11月最終意見書提出のあと、かなりの委員が強く継続活動を希望したと聞いていますが、みたか市民プラン21会議の解散を決めたのは英断であったと思います。解散後、地域通貨、自治基本条例制定等は自主グループとして活動を継続し、市民の立場から早期実現方を目指しています。

評価の最後に安田市長のコメントを紹介しておきます。「やはりコミュニティ行政の実績、こうした長年・30年の活動の実績があるからこそ、また市民参加の歴史で市民と行政の信頼関係があるから、三鷹では行政の隠れ蓑でない真の市民参加ができるのです。そして協働のまちづくりの推進により、統治（ガバメント）から協治（ガバナンス）の時代となった」、と市長は常々申しております。

5　学校・家庭・地域連携教育ＩＴ推進事業　１９９６〜

最後の事例は学校教育のＩＴ推進事業です。ＩＴについて三鷹市は国規模の実験都市として選ばれることが多く、かなりの先進都市といわれています。

まず１９８４年・昭和５９年秋から６２年春まで、三鷹と武蔵野地域で当時の日本電電公社が始めたＩＮＳ実験＝高度情報通信システム実験があります。光ファイバーが開発され大型コンピュータとデジタル端末機器を使いニューメディア実験として日本中がフィバーしましたのでご記憶の方もいると思います。今日のＩＴ社会の先駆け実験ですが、当時私は企画部の係長で、電電公社の方と何度も協議し、出先施設での住民票交付や、視力障害者の通信手段としての活用方策など行政サービスへの適用方に取組みました。２０年前の当時はニューメディアの時代到来といわれテレホンカードの第一号ができ成田と羽田空港・東京駅でしかカードが使えない時代でした。

《学校インターネットⅠ〜Ⅲ》

さてその後10年余りして、光ファイバーの敷設・コンピュータの技術革新・インターネット普及等により、平成8年三鷹と武蔵野エリアにCATVが設立され、このCATVが市内の学校にホームページを立ち上げてくれました。翌年から文部省事業としてインターネットを使い不登校支援システムや学校図書館の情報化に取り組むと同時に、なんと全国の小・中・高校をつなぐ〈学校インターネットⅠ〜Ⅲ〉という文部省・自治省・郵政省の連携事業が、平成11年度開始され平成15年度まで続いています。

この研究事業により三鷹市の教育センターが、全国の中央ネットワークセンターとなりコンテンツの配信など、国の特殊法人『通信放送機構』が運営し、現在全国3200校とつながっており、これまでの投資額は10億円を超えています。

このシステムと市内の小・中22校のコンピュータ室が結ばれていますし、多くの学校は無線

ＬＡＮで各教室内でのＩＴ教育が可能となっています。

《学校・家庭・地域連携イントラネット事業》

さらに平成１１年から、ＩＢＭ社の支援を受け、〈学校・家庭・地域連携イントラネット事業〉を展開しています。この事業は、ＩＢＭ社からは平成１４～１５年度でアメリカ本社の社会貢献事業として７５万ドル＝約９５００万円を含め総額一億円規模が投資され、アジアで三鷹市が選ばれ小学校１５校でブロードバンドネットワークのＩＴ教育活動が実施されています。

経過の話しが長くなりましたが、この学校イントラネットが協働事業として取組まれているものです。イントラネットとは、児童生徒・教育の立場を考え一定のクローズトされたシステムで、各校の保護者・ＯＢ等地域市民はＩＤコードによりアクセス参加します。ＩＤコードを持った地域市民は自宅のＣＡＴＶ等の回線コンピュータからアクセスし、「地域メンター」と呼ばれ、各学校で教員との定期的打合会に出席し、授業のボランティア・サポーターとして参加するなど、ＩＴ教育の協働者として熱心に係っています。

このシステムでは例えば、総合的な学習の時間に、学校農園のお米や野菜の生育状況を指導いただく指導員の地域メンターが農園現地で、児童の教室とデジタルカメラで結び交信しながらライブの授業を行なったり、メンターが遠隔授業参観したり、教育相談ができるものです。またドリルコンテンツにより児童生徒が、習熟度に応じた教科別問題に取組める学習履歴型教材が提供されています。ＩＢＭ社は機材を提供するのでは無く、教員・地域メンターの研修やコンテンツシステムの開発を、前述の学校インターネット事業と連動して研究しており、市内在住の同社社員も地域メンターとして参加しています。小学4年生の生徒はモバイル機器も使い、先の紹介事例学校スーパーリニューアルの提案を、カラーの写真イラスト付で作成しており、その技能には驚ろかされます。

《Ｅ！スクール実験プロジェクト》

こうした取組みに加えて、平成１４年度から１６年度まで国各省庁あげての「Ｅ！ジャパン計画プロジェクト」実験を三鷹市でも展開することになりました。このプロジェクトの主要事業として教育関係では、〈Ｅ！スクール実験プロジェクト〉として、ＩＰＶ6と呼ばれる高速・大容量の無線ＬＡＮによる、総務省所管の初年度総額6億円規模の実験です。エリアは駅前地区の、或る小学校の学区域で、その小学校4年から6年生全員に約300台、中学校の2年生全員に約200台そして両校の教員全員に、最新の携帯型の、XPパソコン計600台が配布されています。このXPパソコンにより各教室や家庭でのドリルコンテンツ学習が可能であり、どう学習効果があがるか期待されています。ただ家庭での活用について私には技術的によく解らないのですが、マンション等集合住宅が多いエリアでもあり、CATVやADSLの布設加入世帯でないとIPV6にアクセスできないといわれ、どこまで活用が進むか課題となっていることも事実です。

こうしたIT教育各システムは推進中であり、評価はしにくいのですが、実は先頃、本市はSOHO事業も展開しており、総務省からIT先進都市として自治体では唯一表彰を受けました。また日本経済新聞社の『日経パソコン』(平成14年5月号)で、全国の「e都市ランキング」で岡山市と並んで第1位となっています。ランキングの話でいいますと、同じく日本経済新聞社の全国675市・23区の行政革新度比較でやはり総合日本一になっています。

これは自治体行政のサービス度・透明度・効率化・活性化度などを偏差値指数化して比較される調査であり、2年連続で総合日本一に輝いているものです。こうした日本一の評価をうけますと、職員としてはそのあとが大変で、プレッシャーを背負って仕事することになりますが、これ以上はふれません。

6　分権と協働のまちづくり推進のために　～団体自治・市民自治推進の視点～

これまで５つのまちづくり事例を紹介しましたが、分権化の到来をふまえて、自治体職員としてどういう心構えと認識で、自治と協働のまちづくりを進めていくか、まとめを兼ね私の考えをいくつかお話します。

《機関委任事務と通達が廃止》

初めに現状認識です。平成１２年４月の地方分権推進一括法により、〈機関委任事務と通達が廃止〉されました。このことにより自治体の自己決定・自治解釈のまちづくりがどこまで進められているかが問われているわけです。もっと簡単にいえば従来の政策や行政サービスが、見直しされスクラップ・アンド・ビルドしているかが職員として求められているとの、しっかりした認識を持ち、実践しているかが問われているのです。

分権の真の推進は、行政サービスを直接担う市町村職員がもっと問題提起すべきです。私はこれまで実務を通して例えば、保険課長のとき国民年金事務は機関委任事務でしたが、年金の徴収率で還元融資を規制したり、根拠が通達での２０歳到達者の職権適用を市町村職員に行わせるなど地方事務官制度を含めて問題ではないか、国民年金は国制度として社会保険事務所が窓口となって行うべきと提起してきました。

これらの制度改正は分権推進委員会第三次勧告により実現しています。また実現されていませんが、生活保護事務は、法定受託事務となりましたが、ケースワーカーの人件費は交付税措置のままです。国の事務なのですから人件費は国が負担金として支出換えすべきです。交付税不交付団体の自治体では、人件費全て持出しのままです。国や都の監査等機会あるごとに発言しています。ぜひ皆さんも実務の立場から、分権化の実態化のため検討研究され、具体的問題提起＝のろしをあげてください。

《行政の守備範囲・手法の見直し》

さて〈行政の守備範囲や手法の見直し〉について、2～3の事例をお話しますが、その前に行政改革についてふれますと、残念ながら分権で現段階では歳入は増えません。国の交付税や補助金も削減されています。政策の見直しと併行して、いやそれ以前に事務の効率化等の行政改革が求められており、三鷹市では平成12年度までの5年間で職員97人削減し、13～14年度にも30人ずつ減しています。私も部長として、職員と喧喧議論をする中で、胃が痛くなる思いをしながら、毎年人員削減に取組んでいます。

《介護保険導入での取組み》

本題の行政の守備範囲や手法の見直しですが、私が平成10年度から健康福祉部長として係った例です。その一つは〈介護保険導入での取組み〉です。公的保険制度となり、サービス提供は社会福祉法人と共に民間事業者が中心となりました。そこで研修担当に依頼し福祉・保健・ヘルパーの市職員をケアマネージャーの資格試験に30人以上合格確保しました。市は保険者として制度の運営が本務となる役割変化をふまえ、かつ新たに主たるサービス提供者となった民間事業者と対等に、より良いサービス調整を進めるため、あえて市職員にもケアマネージャー資格を持つことにしました。同時に行政の役割変化をふまえ、市直営の高齢者ヘルパー事業（市職員10人・嘱託40人）を移行廃止するため、市職員は任用替えの選考試験を行い、嘱託職員は民間事業者と社会福祉法人に紹介移行しました。

介護保険は分権推進委員会での事務の振り分け時では、法案生成過程にあり法律制定後、自治事務と位置づけられていますが、300の政省令で詳細に規制されている事務が自治事務なのでしょうか。サービス調整等保険者である自治体にもっと権限を付与すべきと感じることも多々ありました。今後の介護保険に携わる自治体職員の取組みを期待しています。

《保育所の公設民営化》

次の事例は全国で最初の保育所の公設民営化取組みです。この取組みの経過ですが、平成10年4月から児童福祉法が改正され、保育所が措置から選択契約に変わりましたが、実態は入所決定がケースワーカー会議から基準の指数化に変わった程度で、依然待機児は漸増のままでした。一方核家族化で自宅での子育てに悩む親も多くみられました。

そこで駅前再開発の民間との共同ビル化計画の中に、子育て支援施設＝子供家庭支援センターと保育所の併設が計画されていました。当初は両施設とも市直営案でしたが、私が異動してきて半年後平成１０年１０月市長と協議して、社会福祉法人に委託運営の方針に変更してその実施方策を考えていたところ、平成１１年7月国与党の三党合意による総額１９００億円の「少子化対策臨時特例交付金」制度ができ、本市に4億１９００万円が交付されることになりました。そこでこの交付金を半額は保育所の待機児解消に、残りを障害児や私立幼稚園の施設改修に充当することになり、駅前の子育て両施設にも交付金充当をしようとしました。しかし、再開発の施設設計で既に建物全体の建設省補助が決定しており、交付金充当は難しい扱いとなりましたが、建設省・厚生省と協議して、区分所有の考えに立って、２・３階のテナントオプション工事として三党合意の重点施策の子育て施設への充当を認めてもらいました。

この国との話合いの過程で、２つのエポックとなることがありました。

１つは平成１２年3月保育所の運営が規制緩和され、厚生省から民間の株式会社もできることの通知が届きました。

2つ目は、国は当初の交付金等により五年間で待機児ゼロとなる計画書の提出を求めてきました。そこで都市自治体として、待機児ゼロは難しい。入所申込みを受けた待機者の中には、保育所に入れれば、パートの勤務日を増やしたいとか、就労を開始したいという方も含まれている。こうした社会情勢にあるサラリーマン世帯の多い都市自治体で、待機児ゼロの計画提出は難しい等、私も出掛け厚生省と議論している中で、当初の国交付金の追加交付6000万円を受けて、廃園していた学校のプールが2階にある市立幼稚園施設を、保育園として整備することになりました。

実は当初の駅前の子育て施設より先に、「東台保育園」という旧幼稚園既存施設を国の追加交付金による保育園改修と、民間企業の参入の通知を抱き合わせて、公設民営の保育所が開設となった次第です。

この過程にはさらにクリアすべき課題がありました。それは公の施設の管理委託問題でして、最初の事例でお話したコミュニティ行政で学んだことと同じ課題です。規制緩和通知と国交付金の活用そして自治法解釈について、東京都を介し自治省・厚生省と何度も協議の末「この事例は保育業務の委託であり、建物の管理は条例設置し市が行うもので、自治法の管理委託に当たらない」という趣旨理解で実行されました。その後平成13年3月厚生省からはこの保育所の公設民営方式が全国に推奨され、さらに内閣府の男女共同参画会議専門委員会での報告書でも提言されるなど、全国に活用・普及がなされている状況は周知のことと思います。また、平成14年10月7日の読売新聞によれば、総務省は公の施設を民間企業へ委託可能とする地方自治法の改正をしていく方針、と報じられています。

運営委託にあたりましては、実績をふまえたプロポーザル公募を行い、審査会によるヒヤリングと視察の評価を経て、保育の質と運営手法に優れた、株式会社「ベネッセコーポレーション」に決まりました。委託の仕様書で保育の質を確保しており、保護者からも評価を得ている現況です。その後駅前の保育所も同様の手続きで進め、20社近い応募がありましたが、ここは先駆的意欲のある社会福祉法人に委託しています。この委託方式により経費は、市直営の半額で運営がなされています。

《政策法務》

これまで説明してきたことから私が申し上げたいのは、公設民営化の一連の過程が〈政策法務〉の実践だということです。分権化の自治解釈・自治決定という意識を持ち、部課職員と政策形成について議論をし、市長・助役と協議・指示を受ける中で実現できたのです。途中では、介護保険の導入取組みでも同じですが、強い反対の意見が寄せられ、運動が起き、度々、交渉を行い、議会での答弁に苦心しました。一方、こうした福祉の構造改革である「官から民へ」の行政守備範囲の見直しは、首長の強いリーダーシップがあり、職員としても強い支えになりますし、三鷹市にはこうした改革への風土があると、私は若干自負しています。

〈政策法務〉とは政策の検討や決定にあたり、根拠となるこれまでの法令解釈に依存するだけでなく判例の吟味等を含め自治解釈はできないかの検討、また条例制定等新たな自治立法の必要性を検討し、さらに実現手法について役割分担や、コストと後年度負担を配慮し補助金をどう使うかなどの政策財務をも含め、まちづくり政策立案の重要な視点といえます。

与えられた時間が迫ってきていて、詳しくは語れないのですが、三鷹市が注目を集めている、『市立アニメーション美術館』通称ジブリ美術館について、行政の事業経営あり方の事例として、簡単に紹介しておきます。このジブリ美術館は東京都が管理する井の頭恩賜公園という中央線吉祥寺駅近くにあり公園池を挟み武蔵野市と境に位置する、都内でも有数の公園内に平成13年10月に開館されました。この都有地に、現在世界的にも著名な受賞を続けている宮崎駿さんのアニメーション美術館を、日本テレビと徳間書店が中心に約25億円をかけて建設しました。この施設を三鷹市が寄贈を受け、市立の美術館として、財団を設立して運営されているものです。宮崎駿さんのアニメ世界が凝縮された楽しく、素晴らしい美術館で、連日全国から来場の大盛況で、市民が入場券を手に入れるのに苦労している現況です。

この開館には、宮崎駿さんと市の出会い、そして関係会社等の支援に加えて、用地・建設・運営手法など市長はじめ関係職員の様々な知恵と工夫の努力の結晶として、高く評価されている自治体の行政経営手法である、との紹介に留めさせていただきます。ぜひ皆さん東京に来られるときは、三鷹の市立アニメーション美術館のチケットを確保して、鑑賞してくださることをお奨めいたします。

なお行政の守備範囲・手法の見直しには、やめる勇気と決断も必要と、安田市長は数十億円の総合スポーツセンターの建設計画を、経済状況・公債費負担を考慮し、凍結扱いとする決断をされていることも報告しておきます。

《庁内組織の活性化方策》

最後になりますが、分権と協働のまちづくりの推進にあたり、職員として組織の活性化と自主研究についての考えをお話しします。

〈庁内組織の活性化方策〉ですが、まず権限の下部委譲が必要と考えます。職員にやる気を起こさせるには、権限を持たせ責任ある仕事を、いかに進めるかが大事とおもいます。三鷹市では係長には100万円までの支出権と係員の出張や休暇の承認などを与え、課長には6000万円までの支出権を認めています。健康福祉部長の所管は生活保護・介護保険・健康事業も含まれ、年間予算は一般会計のみで約200億円でしたが、一日の決済で部長に上がってくるのは、せいぜい10本ぐらいでした。入所や措置、補助金交付などの権限は全て課長に委任しています。日々の決済にハンコを押すことより、問題のあるケースについては起案前に事前に相談を受け対応策を見定めます。また毎月課長会で諸課題にどう取組んでいくか、進行管理を含めてのディスカッションを重視しました。

職員の予算や施策決定への参画、職員参加の配慮も欠かせません。三鷹市での予算の最終決定は、市長はじめ全理事者の前で各部局の係長以上が参加し、自由な発言ができる中で決められています。また人事異動については各部長が課長ヒヤリングで意向集約しますが、課長にも係長ヒヤリングを求め職場の課題状況の把握に努めています。なお中間管理職には部課職員を使うことは当然ですが、上司に何をどう問題提起し政策実現をはかるかが大きな役割といえます。不遜な表現をしますと、私は日頃、上司である市理事者にどう動いていただくかを考えるのが大事な仕事と思っています。

肝要なのは、庁内組織と各職場の上下の風通しが良いかどうかで、このための配慮されたルールが、それが庁内の規定と部局内の不文律を含めて、幾つ用意さているかが決め手となると考えています。現在各自治体で創意ある組織の活性化方策が、諸々取組まれていますので、その方策を紹介し合い各々の自治体で活用導入していきたいものです。三鷹市方策については、自治体学会年報14号「分権社会のひとづくり」(平成13年5月刊)の『分権社会と自治体職員』座談会でコメントしていますので、参考にしていただければ幸いです。

《職員自主研究》

結びのことばとして、私にとっての〈職員自主研究〉について簡潔にお話しします。私は東京の多摩地域で25年にわたり近隣市の職員と研究者の自主研究会を続けてきました。この研究会では全員が一会員として交代でテーマを決め報告発表し会い、相互の自由な、ときには激しい議論をしています。この会で多くのことを学び、自治体職員として啓発を受け続けています。また、今日ご出席のかなりの方が自治体学会会員と聞いています。

私も当初からの会員で、全国の自治体職員の皆さんや研究者の方々と交流するなかで、知恵やアイディアをいただき、なによりも元気づけられてきました。こうした職員自主研究による自主的ネットワークがありますと、日々の仕事を考えるとき、一歩広い見地に立って、市民の立場や行政コストを含めこの手法で良いのかとか、政策法務の視点は忘れてないかを考えられる気がしています。もちろん仕事は一人ではやれません。組織をどう動かすかですし、時には市民や議会とどう合意形成をはかっていくかです。

良いまちづくりをしたいという意識を忘れず、自らのアンテナと研究心、そして少々の勇気をもって、これからも取組んでいこうと思います。

今日私の一連の報告が、この北海道の土曜講座参加の皆さんに、北海道の地域にふさわしい自治のまちづくりの発想に、少しでも参考になればと願いつつ話を終わらせていただきます。

（本稿は、二〇〇二年十一月九日、北海学園大学三号館四一番教室で開催された地方自治土曜講座での講義記録に一部補筆したものです。）

著者紹介

秋元　政三（あきもと・まさぞう）

三鷹市教育委員会事務局・総括次長。一九四五年生まれ。早稲田大学文学部卒。一九六七年三鷹市入職。企画調整室主査、コミュニティ課課長補佐、文化室長、保険年金課長、建設部次長、健康福祉部長を経て、二〇〇二年四月から現職。自治体学会、公共政策学会、日本自治学会会員。自治体職員と研究者の研究会を25年にわたって実践。自主研究の草分け的存在。

【主な論文】『ニューメディアの可能性と限界』一九八六年・松下圭一編「自治体の先端行政」学陽書房刊所収。『コミュニティ施設とその管理』一九九三年・西尾勝編「コミュニティと住民運動」ぎょうせい刊所収。座談会『分権社会と自治体職員』二〇〇一年・自治体学会年報No 14「分権社会のひとづくり」良書普及会刊所収。その他多数。

刊行のことば

「時代の転換期には学習熱が大いに高まる」といわれています。今から百年前、自由民権運動の時代、福島県の石陽館など全国各地にいわゆる学習結社がつくられ、国会開設運動へと向かう時代の大きな流れを形成しました。学習を通じて若者が既成のものの考え方やパラダイムを疑い、革新することで時代の転換が進んだのです。

そして今、全国各地の地域、自治体で、心の奥深いところから、何か勉強しなければならない、勉強する必要があるという意識が高まってきています。

北海道の百八十の町村、過疎が非常に進行していく町村の方々が、とかく絶望的になりがちな中で、自分たちの未来を見据えて、自分たちの町をどうつくり上げていくかを学ぼうと、この「地方自治土曜講座」を企画いたしました。

この講座は、当初の予想を大幅に超える三百数十名の自治体職員等が参加するという、学習への熱気の中で開かれています。この企画が自治体職員の心にこだまし、これだけの参加になった。これは、事件ではないか、時代の大きな改革の兆しが現実となりはじめた象徴的な出来事ではないかと思われます。

現在の日本国憲法は、自治体をローカル・ガバメントと規定しています。しかし、この五十年間、明治の時代と同じように行政システムや財政の流れは、中央に権力、権限を集中し、都道府県を通じて地方を支配、指導するという流れが続いておりました。まさに「憲法は変われど、行政の流れ変わらず」でした。しかし、今、時代は大きく転換しつつあります。そして時代転換を支える新しい理論、新しい「政府」概念、従来の中央、地方に替わる新しい政府間関係理論の構築が求められています。

この講座は知識を講師から習得する場ではありません。ものの見方、考え方を自分なりに受け止めてもらう。そして是非、自分自身で地域再生の自治体理論を獲得していただく、そのような機会になれば大変有り難いと思っています。

「地方自治土曜講座」実行委員長
北海道大学法学部教授　森　啓

（一九九五年六月三日「地方自治土曜講座」開講挨拶より）

地方自治土曜講座ブックレットNo. 91
協働のまちづくり　～三鷹市の様々な取組みから～

2003年5月26日　初版発行　　　定価（本体700円＋税）

著　者　　　秋元　政三
企　画　　　北海道町村会企画調査部
発行人　　　武内　英晴
発行所　　　公人の友社
〒112-0002　東京都文京区小石川5－26－8
TEL 03－3811－5701
FAX 03－3811－5795
Eメール koujin@alpha.ocn.ne.jp
http://www.e-asu.com/koujin/

公人の友社のブックレット一覧

（03.5.20 現在）

「地方自治土曜講座」ブックレット

《平成7年度》

No.1
現代自治の条件と課題
神原勝　900円

No.2
自治体の政策研究
森啓　600円

No.3
現代政治と地方分権
山口二郎　［品切れ］

No.4
行政手続と市民参加
畠山武道　［品切れ］

No.5
成熟型社会の地方自治像
間島正秀　500円

No.6
自治体法務とは何か
木佐茂男　600円

No.7
自治と参加アメリカの事例から
佐藤克廣　［品切れ］

No.8
政策開発の現場から
小林　勝彦・大石和也・川村喜芳
［品切れ］

《平成8年度》

No.9
まちづくり・国づくり
五十嵐広三・西尾六七　500円

No.10
自治体デモクラシーと政策形成
山口二郎　500円

No.11
自治体理論とは何か
森啓　600円

No.12
池田サマーセミナーから
間島正秀・福士明・田口晃　500円

No.13
憲法と地方自治
中村睦男・佐藤克廣　500円

No.14
まちづくりの現場から
斎藤外一・宮嶋望　500円

No.15
環境問題と当事者
畠山武道・相内俊一　500円

No.16
情報化時代とまちづくり
千葉純・笹谷幸一　［品切れ］

No.17
市民自治の制度開発
神原勝　500円

《平成9年度》

No.18
行政の文化化
森啓　600円

No.19
政策法学と条例
阿倍泰隆　600円

No.20
政策法務と自治体
岡田行雄　600円

No.21
分権時代の自治体経営
北良治・佐藤克廣・大久保尚孝
600円

No.22
地方分権推進委員会勧告とこれからの地方自治
西尾勝　500円

No.23
産業廃棄物と法
畠山武道　600円

No.25
自治体の施策原価と事業別予算
小口進一　600円

No.26
地方分権と地方財政
横山純一　600円

《平成10年度》

No.27
比較してみる地方自治
田口晃・山口二郎　600円

No.28
議会改革とまちづくり
森啓　400円

No.29
自治の課題とこれから
逢坂誠二　400円

No.30
内発的発展による地域産業の振興
保母武彦　600円

No.31
地域の産業をどう育てるか
金井一頼　600円

No.32
金融改革と地方自治体
宮脇淳　600円

No.33
ローカルデモクラシーの統治能力
山口二郎　400円

No.34
政策立案過程への「戦略計画」手法の導入
佐藤克廣　500円

No.35
98サマーセミナーから
「変革の時」の自治を考える
神原昭子・磯田憲一・大和田建太郎
600円

No.36
地方自治のシステム改革
辻山幸宣　400円

No.37
分権時代の政策法務
礒崎初仁　600円

No.38
地方分権と法解釈の自治
兼子仁　400円

No.39
市民的自治思想の基礎
今井弘道　500円

No.40
自治基本条例への展望
辻道雅宣　500円

No.41
少子高齢社会と自治体の福祉法務
加藤良重　400円

《平成11年度》

No.42
改革の主体は現場にあり
山田孝夫　900円

No.43
自治と分権の政治学
鳴海正泰　1,100円

No.44
公共政策と住民参加
宮本憲一　1,100円

No.45
農業を基軸としたまちづくり
小林康雄　800円

No.46
これからの北海道農業とまちづくり
篠田久雄　800円

No.47
自治の中に自治を求めて
佐藤　守　1,000円

No.48
介護保険は何を変えるのか
池田省三　1,100円

No.49
介護保険と広域連合
大西幸雄　1,000円

No.50
自治体職員の政策水準
森啓　1,100円

No.51
分権型社会と条例づくり
篠原　一　1,000円

No.52
自治体における政策評価の課題
佐藤克廣　1,000円

No.53
小さな町の議員と自治体
室崎正之　900円

No.54
地方自治を実現するために法が果たすべきこと
木佐茂男　[未刊]

No.55
改正地方自治法とアカウンタビリティ
鈴木庸夫　1,200円

No.56
財政運営と公会計制度
宮脇淳　1,100円

No.57
自治体職員の意識改革を如何にして進めるか
林嘉男　1,000円

《平成12年度》

No.58
北海道の地域特性と道州制の展望
神原勝　[未刊]

No.59
環境自治体とISO
畠山武道　700円

No.60
転型期自治体の発想と手法
松下圭一　900円

No.61
分権の可能性
—スコットランドと北海道
山口二郎　600円

No.62
機能重視型政策の分析過程と財務情報
宮脇淳　800円

No.63
自治体の広域連携
佐藤克廣　900円

No.64
分権時代における地域経営
見野全　700円

No.65
町村合併は住民自治の区域の変更である。
森啓　800円

No.66
自治体学のすすめ
田村明　900円

No.67
市民・行政・議会のパートナーシップを目指して
松山哲男　700円

No.68
アメリカン・デモクラシーと地方分権
古矢旬　[未刊]

No.69
新地方自治法と自治体の自立
井川博　900円

No.70
分権型社会の地方財政
神野直彦　1,000円

No.71
自然と共生した町づくり
宮崎県・綾町
森山喜代香　700円

No.72
情報共有と自治体改革
ニセコ町からの報告
片山健也　1,000円

《平成13年度》

No.73
地域民主主義の活性化と自治体改革
山口二郎　600円

No74
分権は市民への権限委譲
上原公子　1,000円

No.75
今、なぜ合併か
瀬戸亀男　800円

No.76
市町村合併をめぐる状況分析
小西砂千夫　800円

No.77
自治体の政策形成と法務システム
福士明　[未刊]

No.78
ポスト公共事業社会と自治体政策
五十嵐敬喜　800円

No79
男女共同参画社会と自治体政策
樋口恵子　[未刊]

No.80
自治体人事政策の改革
森啓　800円

《平成14年度》

No.81
自治体とNPOとの関係
田口晃　[未刊]

No.82
地域通貨と地域自治
西部忠　[未刊]

No.83
北海道経済の戦略と戦術
宮脇淳　800円

No.84
地域おこしを考える視点
矢作弘　700円

No.87
北海道行政基本条例論
神原勝　1,100円

No.90
「協働」の思想と体制
森啓　800円

No.91
協働のまちづくり
～三鷹市の様々な取組みから～
秋元政三　700円

「地方自治ジャーナル」ブックレット

No.1
水戸芸術館の実験
森啓・横須賀徹 1,166円 [品切れ]

No.2
政策課題研究の研修マニュアル
首都圏政策研究・研修研究会
1,359円

No.3
使い捨ての熱帯林
熱帯雨林保護法律家リーグ 971円

No.4
自治体職員世直し志士論
村瀬誠　971円

No.5
行政と企業は文化支援で何ができるか
日本文化行政研究会　1,166円

No.6
まちづくりの主人公は誰だ
浦野秀一・野本孝松・松村徹・
田中富雄　1,166円　[品切れ]

No.7
パブリックアート入門
竹田直樹　1,166円

No.8
市民的公共と自治
今井照　1,166円

No.9
ボランティアを始める前に
佐野章二　777円

No.10
自治体職員の能力
自治体職員能力研究会　971円

No.11
パブリックアートは幸せか
山岡義典　1,166円

No.12
市民がになう自治体公務
パートタイム公務員論研究会
1,359円

No.13
行政改革を考える
山梨学院大学行政研究センター
1,166円

No.14
上流文化圏からの挑戦
山梨学院大学行政研究センター
1,166円

No.15
市民自治と直接民主制
高寄昇三　951円

No.16
議会と議員立法
上田章・五十嵐敬喜　1,600円

No.17
分権段階の自治体と政策法務
松下圭一他　1,456円

No.18
地方分権と補助金改革
高寄昇三　1,200円

No.19
分権化時代の広域行政
山梨学院大学行政研究センター
1,200円

No.20
あなたのまちの学級編成と地方分権
田嶋義介　1,200円

No.21
自治体も倒産する
加藤良重　1,000円

No.22
ボランティア活動の進展と自治体の役割
山梨学院大学行政研究センター
1,200円

No.23
新版・2時間で学べる「介護保険」
加藤良重　800円

No.24
男女平等社会の実現と自治体の役割
山梨学院大学行政研究センター
1,200円

No.25
市民がつくる東京の環境・公害条例
市民案をつくる会　1,000円

No.26
東京都の「外形標準課税」はなぜ正当なのか
青木宗明・神田誠司　1,000円

No.27
少子高齢化社会における福祉のあり方
山梨学院大学行政研究センター
1,200円

No.28
財政再建団体
橋本行史　1,000円

No.29
交付税の解体と再編成
高寄昇三　1,000円

No30
町村議会の活性化
山梨学院大学行政研究センター
1,200円

No.31
地方分権と法定外税
外川伸一　800円

No.32
東京都銀行税判決と課税自主権
高寄昇三　1,000円

No.33
都市型社会と防衛論争
松下圭一　900円

No.34
中心市街地の活性化に向けて
山梨学院大学行政研究センター
1,200円

朝日カルチャーセンター
地方自治講座ブックレット

No.1
自治体経営と政策評価
山本清　1,000円

No.2
ガバメント・ガバナンスと行政評価システム
星野芳昭　1,000円

No.3
三重県の事務事業評価システム
太田栄子　[未刊]

No.4
政策法務は地方自治の柱づくり
辻山幸宣　1,000円

No.5
政策法務がゆく
北村喜宣　1,000円

TAJIMI CITY
ブックレット

No.2
分権段階の総合計画づくり
松下圭一　400円（委託販売）

No.3
これからの行政活動と財政
西尾勝　1,000円

No.4
構造改革時代の手続的公正と第2次分権改革
～手続的公正の心理学から
鈴木庸夫　1,000円